AF475978

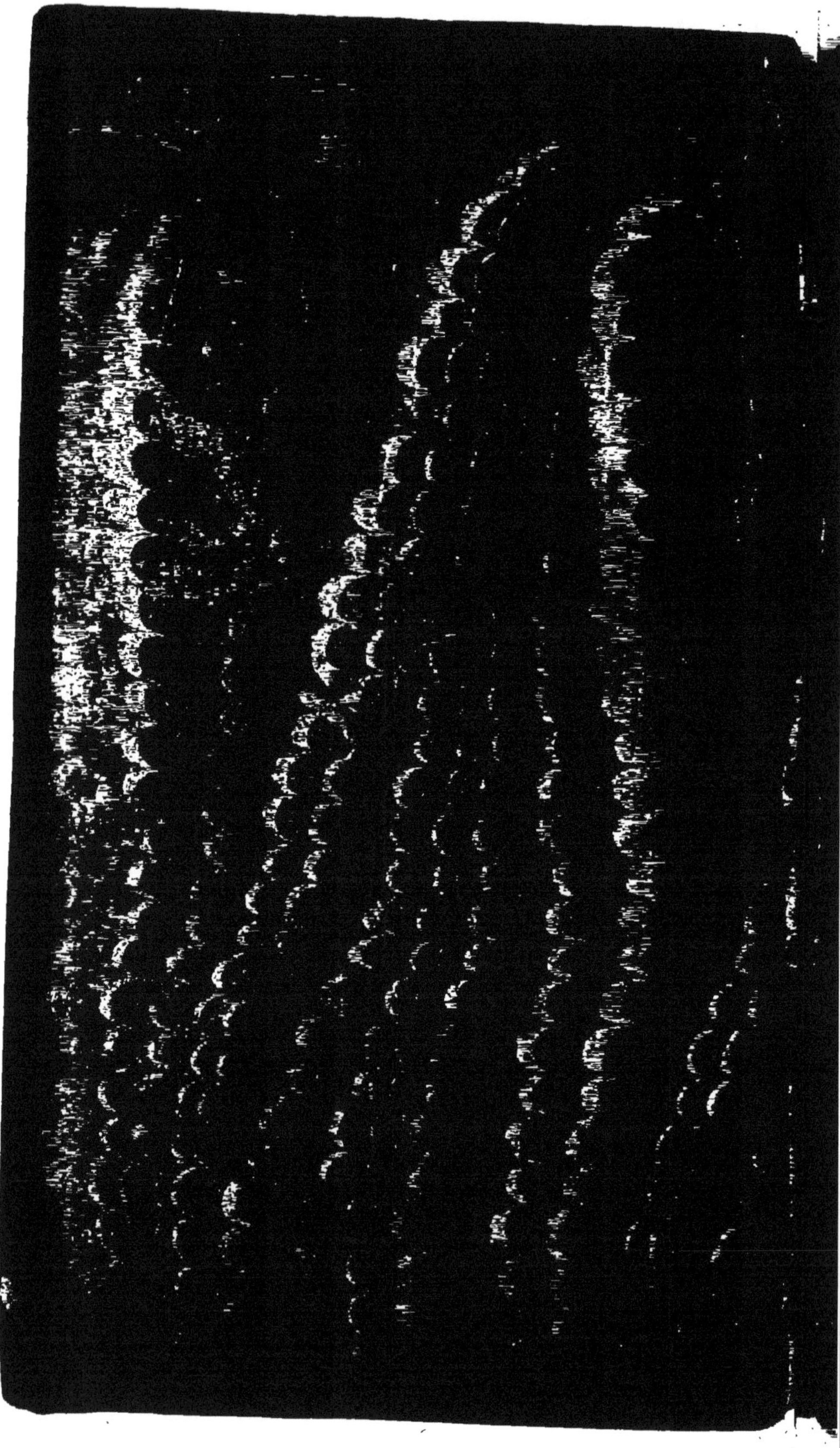

DISSERTATIONS
POUR
ÊTRE LUES.

DISSERTATIONS
POUR ETRE LUES:

LA PREMIERE,

SUR LE VIEUX MOT

DE PATRIE:

LA SECONDE,

SUR LA NATURE

DU PEUPLE.

Par l'Abbé Coyer

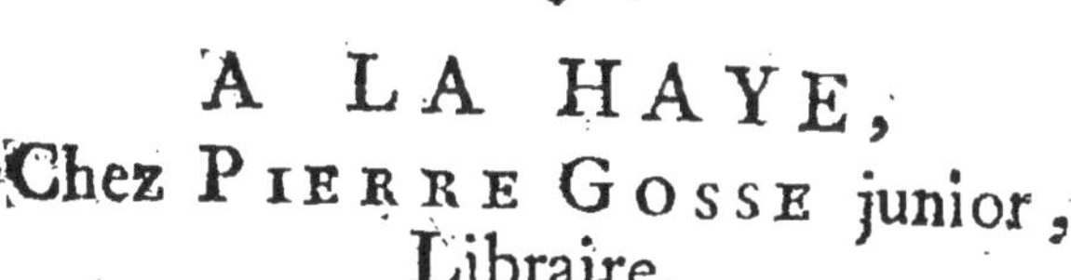

A LA HAYE,
Chez PIERRE GOSSE junior,
Libraire.

M. DCC. LV.

AVERTISSEMENT.

ON donne tous les jours au public des Dissertations très-sçavantes que personne ne lit. J'ai crû qu'en dépensant moins en science on gagneroit des lecteurs. Ce but me paroît louable ; car pourquoi écrire si ce n'est pour instruire ? Et comment instruire si on n'est pas lû ? Nous ne sommes plus dans le siécle des Vossius, des Huets, des Bocharts & des Kirchers. L'érudition, les recherches épineuses nous fatiguent, & nous aimons mieux courir légérement sur des surfaces, que de nous enfoncer pésanment dans des profondeurs. Comme la rouë des ſciences tourne auſſi-bien que celle des empires, peut-être le vieux goût reparoîtra-t-il : en attendant, ſoyons ce qu'il faut être.

J'aurois pû dans la première Diſſertation *ſur le vieux mot de Patrie*, en remontant des Romains aux Grecs, des Grecs aux Phéniciens, des Phéniciens aux Egyptiens, & des Egyptiens aux ouvriers de la tour de Babel avant la confuſion des langues, j'aurois pû trouver la ſource du mot. Je me ſuis borné très-ſimplement à en développer le ſens, & à montrer quelle influence il avoit ſur les mœurs, & ſur le bonheur des nations qui l'ont bien entendu.

De même dans la ſeconde Diſſertation *ſur la nature du Peu-*

ple ; peut-être ne m'eût-il pas été impossible, en pâlissant sur vingt volumes, de décider en quel tems & dans quel pays on a commencé à distinguer le peuple des honnêtes gens : si *peuple* vient de *peupler*, ou *peupler* de *peuple*; si on peut dire, en conservant les graces de notre langue, que les honnêtes gens *peuplent*, j'aurois pû ajoûter cent autres choses aussi sçavantes, je me suis contenté d'examiner tout bonnement, si le peuple est composé d'hommes, & s'il faut le traiter comme tel.

C'est une route aisée que j'ai voulu suivre, en préférant toujours l'uni à l'escarpé, la plaine aux montagnes. Je me suis souvenu fort à propos d'une maxime moderne : *Que le mieux est sou-*

vent le contraire du bien, & d'une très-ancienne ſentence d'Héſiode, qu'il eſt bien des cas *où une moitié vaut mieux que le tout.*

Si cette façon de diſſerter ne ſe fait pas lire, je conclurai pour ma gloire, (car les auteurs n'ont jamais tort) que le genre diſſertatif n'eſt pas fait pour la France, du moins pour la génération préſente, & qu'il faut le reléguer en Allemagne.

DISSERTATION

sur le vieux mot de Patrie.

ON reproche à notre langue de s'appauvrir en s'épurant, semblable à un diamant qui perdroit trop à la taille. Le reproche est peut-être fondé. Qu'est-ce que le mot *Patrie* avoit de bas ou de dur, pour le retrancher de la langue? On ne l'entend plus ou presque plus ni dans les campagnes, ni dans les villes, ni dans la province, ni dans la capitale, encore moins à la cour. Les vieillards l'ont oublié, les enfans ne l'ont jamais appris. Je le cherche dans cette foule d'écrivains, qui nous instruisent de ce que nous sçavons déja, & je ne le trouve que dans un très-petit nombre de philosophes, qui se sont cuirassés contre les ridicules. Un galant homme ne l'écrira pas; ce seroit bien pis s'il le prononçoit. J'interroge ce citoyen qui marche toujours armé : Quel est votre emploi ? *Je sers le Roi*, me dit-il, pourquoi pas la *Patrie* ? Le Roi lui-même est fait pour la servir. Je parle gaulois, très gaulois. Si ce mot, autrefois si usité, échappe encore, ce n'est qu'en peignant les mœurs anciennes, ou pour désigner le lieu où l'on est né :

les occaſions en ſont rares, elles ſeroient très-fréquentes pour des citoyens qui ſentiroient bien la valeur du terme.

La révolution des choſes n'eſt pas plus grande que celle des mots. Quelle fortune n'avoit pas fait celui-ci chez les Grecs & les Romains. Deux nations qui ſe piquèrent autant de politeſſe dans le langage que dans les mœurs? C'étoit un des premiers mots que les enfans bégayoient, c'étoit l'ame des converſations & le cri de guerre; il embelliſſoit la poëſie, il échauffoit les orateurs, il préſidoit au ſénat, il retentiſſoit au théâtre, & dans les aſſemblées du peuple, il étoit gravé ſur les monumens publics. Rome l'avoit reçû d'Athènes, & lui conſerva toute ſa gloire,

Rome nous l'a transmis πατρὶς, *patria*, *patrie*. Nos ayeux en firent grand usage : ces Francs de la première race, tout barbares qu'ils étoient ; le prononçoient souvent dans leurs assemblées au champ de Mars ; eh ! quel autre mot y seroit venu plus naturellement, tandis que de concert avec le souverain on faisoit des loix, on décidoit de la paix & de la guerre, on partageoit les dépouilles de l'ennemi, on régloit les contributions, on balançoit tous les intérêts publics ? Les siécles suivans l'employèrent avec une ardeur égale. Charlemagne, Charles V. Louis XII. Henri IV. ces pères de la patrie, en écrivoient le mot dans tous les cœurs, & le plaçoient dans toutes les bouches. Je le retrouve encore ſous Louis XIII. dans les cahiers des derniers états généraux, il s'eſt perdu ſous le miniſtère du cardinal de Richelieu. Il eſt étonnant que le fondateur de l'Académie Françoiſe, qui devoit aimer les mots énergiques, les beaux mots, ait laiſſé périr celui-ci. Colbert étoit bien fait pour le rétablir, mais il ſe méprit. Il crut que *Royaume* & *Patrie* ſignifioient la même choſe.

On dit donc aujourd'hui *le Royaume*, *l'Etat*, *la France*, & jamais *la Patrie*. Je demande d'abord lequel de ces quatre termes flate plus l'oreille & le cœur. *La France* ne préſente à l'eſprit qu'une portion de la terre diviſée en tant de provinces, arroſée de tant de fleuves. *L'Etat* ne dit autre choſe qu'une ſociété d'hommes qui vivent ſous un gouvernement quelconque, heureux ou malheureux. *Royaume* ſignifie (je ne dirai pas ce que diſoient ces républicains outrés, qui firent anciennement tant de bruit dans le monde par leurs victoires & leurs vertus) un tyran & des eſclaves ; diſons mieux qu'eux, un Roi & des Sujets. Mais la *patrie* qui vient du mot *pater*, exprime un père & des enfans. C'eſt ce mot que Cicéron, cet orateur ſi habile dans le choix des mots, trouvoit ſi humain, ſi tendre, ſi harmonieux qu'il le préféroit à tout autre, lorſqu'il parloit des intérêts publics. Cependant notre langue le perd, j'en cherche la cauſe, je crois la deviner. Nous avons oublié l'idée qui fut attachée à ce grand mot. Tout mot repréſente une idée : ſi l'idée s'affoiblit, ſi elle s'efface, le mot ne vient plus ſe placer ſur la langue. Il s'agit donc ici de reſſuſciter l'idée pour rétablir le mot.

Qu'eſt-ce que la patrie ? Je le demande aux dictionaires de la langue, & ils me répondent que *c'eſt le pays où l'on a pris naiſſance*. Froide définition ! Un pays qui n'auroit que ce rapport unique avec ſes habitans, mériteroit-il le nom de patrie ? Les Gracques, les Scipions ſous la tyrannie de Caligula, auroient-ils regardé Rome comme leur patrie ? Nos dictionaires vont plus loin, ils citent des phrases où ce terme est employé, en voici quelques-unes ; *L'amour de la patrie est une passion rarement fine & ingénieuse. L'amour de la patrie est une fureur qui ne laisse rien aux mouvemens de la nature. La patrie est une vision. Les anciens étoient fortement infatués de l'amour de leur patrie.*

Je ne suis plus surpris qu'un mot qu'on nous donne comme l'expression d'une passion stupide ou furieuse, comme une vision, un phantôme ridicule, ait pris congé d'une nation aussi sensée que la nôtre, & que nous l'ayons relégué dans les rêveries des anciens. Il n'est pas difficile de répondre à ces contre-sens. *L'amour de la patrie est une passion rarement fine & ingénieuse.*

Il eſt bien queſtion de fineſſe & de bel eſprit quand on parle de patrie ! Brutus en donnant une patrie aux Romains n'employa que la ſageſſe & le courage. *L'amour de la patrie eſt une fureur qui ne laiſſe rien aux mouvemens de la nature* : ce même Brutus, il eſt vrai, fit couper la tête à ſes fils : mais cette action ne paroît dénaturée qu'aux ames foibles : ſans la mort des deux traîtres la patrie expiroit au berceau. *La patrie eſt une viſion.* Pour qui ? pour ces ames frivoles qu'une chanſon amuſe, qu'une mode extaſie. *Les anciens étoient infatués de l'amour de leur patrie.* J'aimerois autant qu'on me dît que les enfans ſont infatués de l'amour de leur mère. Les anciens ne faiſoient point de dictionaires, mais leurs ouvrages en ont fourni la matiére. Consultons-les & nous apprendrons le vrai sens du mot *patrie*. Sens magnifique sans doute, car on y lit qu'il n'y a rien de si aimable, de si sacré que la patrie ; qu'on se doit tout entier à elle, qu'il n'est pas plus permis de s'en venger que de son père, qu'il ne faut avoir d'amis que les siens, que de tous les augures le meilleur est de combattre pour elle, qu'il est beau, qu'il est doux de mourir pour la conserver, que le ciel ne s'ouvre qu'à ceux qui l'ont servie. Ainsi parloient les magistrats, les guerriers & le peuple. Quelle idée se formoient-ils donc de la patrie ?

La patrie, disoient-ils, est

un vaste champ où chacun peut moissonner selon ses besoins & son travail. C'est une terre que tous les habitans sont intéressés à conserver, que personne ne veut quitter, parce qu'on n'abandonne pas son bonheur, & où les étrangers cherchent un azile. C'est une nourrisse qui donne son lait avec autant de plaisir qu'on le reçoit. C'est une mère qui chérit tous ses enfans, qui ne les distingue qu'autant qu'ils se distinguent eux-mêmes, qui veut bien qu'il y ait de l'opulence & de la médiocrité, mais point de pauvres ; des grands & des petits, mais personne d'opprimé ; qui même dans ce partage inégal, conserve une sorte d'égalité, en ouvrant à tous le chemin des premières places ;

qui ne souffre aucun mal dans sa famille, que ceux qu'elle ne peut empêcher, la maladie & la mort; qui croiroit n'avoir rien fait en donnant l'être à ses enfans, si elle n'y ajoutoit le bien être. C'est une puissance aussi ancienne que la société, fondée sur la nature & l'ordre; une puissance supérieure à toutes les puissances qu'elle établit dans son sein, *Archontes*, *Suffétes*, *Ephores*, *Consuls* ou *Rois*; une puissance qui soumet à ses loix ceux qui commandent en son nom, comme ceux qui obéissent. C'est une divinité qui n'accepte des offrandes que pour les répandre, qui demande plus d'amour que de respect, plus d'attachement que de crainte, qui sourit en faisant du bien, & qui ſoupire en lançant la foudre.

Telle eſt la patrie. Un mot ſi beau, je le demande aux deux régles vivantes de la langue, *à l'Académie & à la Cour* : je le demande encore à nos jeunes Auteurs qui aiment tant les mots, un mot ſi magnifique doit-il être oublié ? doit-il être proſcrit ? Si nous vivions ſous le deſpotiſme oriental, où l'on ne connoît d'autres loix que la volonté du ſouverain, d'autres maximes que l'adoration de ſes caprices, d'autres principes du gouvernement que la terreur : où aucune fortune, aucune tête n'eſt en ſûreté ; comme nous n'aurions point de patrie, nous ſerions excuſables d'en ignorer le nom. Les Romains qui en avoient une, vouloient y aſſocier tous les peuples, en renversant tous les trônes de l'orient & de l'occident. Lorsque les Grecs vainquirent les Perses à Salamine, on entendoit d'un côté la voix d'un maître impérieux, qui chassoit des esclaves au combat; & de l'autre le mot de *patrie* qui animoit des hommes libres. La Grèce commença à l'oublier sous le joug de Philippe. Rome qui l'avoit prononcé si souvent & si long-tems, l'oublia tout-à-fait sous Tibère, & comment s'en seroit-elle souvenue? On voyoit le brigandage uni avec l'autorité, le manége & l'intrigue disposer de tout, toutes les richesses dans les mains d'un petit nombre, un luxe excessif insulter à l'extrême pauvreté, le laboureur ne regarder son champ que comme un prétexte à la vexation, chaque citoyen réduit à oublier le bien général, pour ne s'occuper que du sien. Tous les principes du gouvernement étoient corrompus, toutes les loix plioient au gré du souverain. Plus de force dans le sénat, plus de sûreté pour les particuliers : des sénateurs qui auroient voulu défendre la liberté publique, auroient risqué la leur. Ce n'étoit plus qu'une tyrannie sourde exercée à l'ombre des loix, & malheur à qui s'en appercevoit : représenter ses craintes c'étoit les redoubler. Tibère endormi par les plaisirs dans son isle de Caprée laissoit faire ; & Séjan, ministre bien digne d'un tel maître, fit tout ce qu'il falloit pour anéantir la patrie.

Dans une poſition ſi triſte, les Romains pouvoient-ils conſerver un mot qui n'avoit plus d'application ? Mais nous qui nous vantons d'être heureux, nous qui nous préférons à des nations voiſines, chez qui le mot *Patrie* eſt en ſi grand honneur, rétabliſſons ce mot qui eſt la véritable expreſſion du bonheur, & qui juſtifiera cette préférence.

Ce rétabliſſement n'eſt pas un petit ouvrage. Ménage créa le mot *Vénuſté*, qui expira ſur ſes lèvres. L'empereur Claude ne put pas venir à bout d'introduire une ſeule lettre dans l'Alphabet. Les mots ſe perſuadent, on ne les commande pas. Dans le zèle qui m'anime j'ai fait des épreuves ſur des ſujets de tous les ordres : citoyens, ai-je dit, pro-

nonçons

nonçons le mot *Patrie.* L'homme du peuple a pleuré, le magiſtrat a froncé le ſourcil en gardant un morne ſilence, le militaire a juré, le courtiſan m'a perſiflé, le financier m'a demandé ſi c'étoit le nom d'une nouvelle ferme. Pour les gens de religion qui, comme Anaxagore, montrent le ciel du bout du doigt quand on leur demande où eſt la patrie, il n'eſt pas étonnant qu'ils n'en fêtent point ſur cette terre.

Voilà de grandes difficultés ; mais elles ne ſont pas invincibles, elles étoient plus grandes lorſque Trajan monta ſur le trône. Six tyrans également cruels, preſque tous furieux, ſouvent imbécilles avoient anéanti le mot *Patrie*, les regnes de Titus

& de Nerva furent trop courts pour le remettre en vogue. Trajan qui aimoit avec paſſion tous les mots qui expriment le contentement du cœur, tels que ceux de joie, de plaiſir, de bonheur, de reconnoiſſance, & ſurtout celui de *Patrie*, projetta de le rétablir. Voyons comment il s'y prit.

Il débuta par dire à Saburanus préfet du prétoire en lui donnant la marque de cette dignité, (c'étoit une épée.) *Prens ce fer pour l'employer à me défendre ſi je gouverne bien la Patrie, ou contre moi ſi je me conduis mal.* Il étoit ſûr de ſon fait. Il refuſa les ſommes que les nouveaux empereurs recevoient des villes, il diminua conſidérablement les impôts, il vendit une partie des maiſons impériales au profit de l'Etat, il fit des largeſſes à tous les pauvres citoyens, il empêcha les riches de s'enrichir à l'excès & ceux qu'il mit en charge, les quèſteurs, les préteurs, les proconſuls, ne virent qu'un ſeul moyen de s'y maintenir, s'occuper du bonheur des peuples. Il ramena l'abondance, l'ordre & la juſtice dans les provinces & dans Rome, où ſon palais étoit auſſi ouvert au public que les temples, ſurtout à ceux qui venoient repréſenter les intérêts de la *Patrie*. Ce mot ſi long-tems oublié rentra bientôt dans le commerce.

Mais quand on vit le maître du monde ſe ſoumettre aux loix, rendre au ſénat ſa ſplendeur & ſon autorité, ne rien faire que de concert avec lui ; ne regarder la dignité impériale que comme une ſimple magiſtrature comptable envers la Patrie, enfin le bien préſent prendre une conſiſtence pour l'avenir, alors on ne ſe contînt plus ſur le mot *Patrie*. Les femmes ſe félicitoient d'avoir donné des enfans à la patrie, les jeunes gens ne parloient que de l'illuſtrer ; les vieillards reprenoient des forces pour la ſervir : tous s'écrioient heureuſe patrie ! glorieux empereur ! tous par acclamation donnérent au meilleur des princes un titre qui renfermoit tous les titres *Père de la Patrie*.

Il n'en eſt pas du mot *Patrie*, comme des autres termes que des grammairiens font paſſer dans le diſcours. Pour donner vogue à celui-ci il faut des grammairiens d'état : un chancelier de l'Hôpital, un Sulli, un cardinal d'Amboiſe ; tous ceux en un mot qui exercent l'autorité ſous un bon maître y feroient plus que tous les arbitres de la langue.

Il y avoit chez les Grècs & les Romains des uſages qui rappelloient ſans ceſſe l'idée de la patrie avec le mot : des couronnes, des triomphes, des ſtatues, des tombeaux, des oraiſons funèbres, c'étoit autant de reſſorts pour le patriotiſme. Il y avoit encore des ſpectacles vraiment publics où tous les ordres raſſemblés ſe délaſſoient, ſe réjouiſſoient en commun, des tribunes où la patrie par la bouche des orateurs conſultoit avec ſes enſans ſur les moyens de les rendre heureux & glorieux.

De tout cela nous n'avons retenu que les oraiſons funèbres ; encore faut-il être né avec un très-grand nom, ou avoir occupé une très-grande place pour avoir des vertus après ſa mort. Tous nos autres diſcours ne roulent que ſur des points de ſcience ou d'hiſtoire qui reſtent ſouvent auſſi douteux après que le diſcoureur a parlé. Cette éloquence ne ſeroit-elle pas mieux employée à remercier, à louer publiquement au nom de la patrie quiconque ſe ſeroit diſtingué dans les arts, dans le commerce, dans la guerre, dans la magiſtrature, dans la politique? L'orateur de la patrie en célébrant les grands talens, les grandes vertus formeroit des citoyens. Qu'on ne me vante point un grand nom, il eſt très-petit ſi celui qui le porte eſt inutile à l'état.

Ce qui nous manque, c'eſt de penſer en commun. Si dans une nation on voyoit comme deux nations, la premiere remplie de richeſſes & d'orgueil, la ſeconde de miſères & de murmures, l'une ſe croyant heureuſe vis-à-vis du malheur de l'autre ; ſi on y voyoit deux partis s'attaquer, ſe pourſuivre ſans ceſſe avec le flambeau de la religion, on n'y entendroit pas le mot *Patrie*. Nous ne le rappellerons qu'en ramenant ſans ceſſe les citoyens du bien particulier au bien général, de leurs maiſons à la patrie, on ne ſçauroit même s'y prendre trop tôt. On a grand ſoin dans les écoles publiques de parler aux enfans de Dieu & du Roi : mais on ne leur dit pas que Dieu eſt le créateur de la patrie & que le roi en eſt le père. Pourquoi ne pas inculquer à ce jeune homme qui prend l'épée *pour faire ſon chemin*, qu'il fera quelque choſe de mieux, *le bien public*, & à cet autre qu'on éleve pour juger les citoyens, que la patrie le jugera. Si dans ces maiſons où l'on forme des miniſtres pour la religion, on leur diſoit qu'ils ſont à la patrie avant que d'être aux autels, penſe-t-on que les autels en ſeroient moins bien ſervis ? Il faudroit même inſtruire, fortifier ce ſèxe qui ne ſe croit fait que pour plaire: les femmes Spartiates vouloient plaire aussi, mais elles comptoient fraper plus sûrement au but en mêlant le zèle de la patrie avec les graces: *va mon fils*, disoit l'une *arme toi & ne revien qu'avec ton bouclier ou sur ton bouclier*, c'est-à-dire, vainqueur ou mort. *Console-toi*, disoit un autre au sien, *de la jambe que tu as perdue, tu ne feras pas un pas qui ne te fasse souvenir que tu as défendu la Patrie*; & après la bataille de Leuctres toutes les mères de ceux qui avoient péri en combattant se félicitoient mutuellement tandis que les autres pleuroient sur leurs fils qui revenoient vaincus; elles se vantoient de faire des hommes, pourquoi? parce que dans le berceau même elles leur montroient la patrie comme leur premiere mère. Si on veut avoir des citoyens aucun mot ne doit être plus souvent répété aux enfans que celui de patrie.

Mais ce ne seroit pas assez de le rétablir, il faut en connoître l'usage. Brutus l'employa pour chasser les tyrans, Valerius publicola pour rendre le sénat plus populaire, Menenius Agrippa pour ramener le peuple du mont sacré dans le sein de la république, Véturie, (car les femmes à Rome comme à Sparte étoient citoyennes) Véturie pour désarmer Coriolan son fils, Manlius, Camille, Scipion, Pompée pour vaincre les ennemis du nom Romain. Les deux Catons pour conserver les loix & les anciennes mœurs. Cicéron pour effrayer Antoine & foudroyer Catilina.

Les Grècs avant les Romains l'avoient employé pour leur bonheur & pour leur gloire. Solon, Miltiade, Themiſtocle, Ariſtide le faiſoient retentir dans toutes les grandes occaſions. Quand Démoſthène parloit de la patrie Athènes étoit toute oreilles. C'étoit le grand mot de tous les grands hommes dans l'une & l'autre république.

On eut dit que ce mot renfermoit une vertu ſecrète, non-ſeulement pour rendre vaillans les plus timides ſelon l'expreſſion de Lucien, mais encore pour enfanter des heros dans tous les genres pour opérer toutes ſortes de prodiges. Diſons mieux, il y avoit dans ces ames Grècques & Romaines des vertus qui les rendoient ſenſibles à la valeur du mot. Je ne parle pas de ces petites vertus, qui nous attirent des louanges à peu de frais dans nos ſociétés particulières, j'entens ces qualités citoyennes, cette vigueur de l'ame qui nous fait faire & ſouffrir de grandes choſes pour le bien public. Fabius eſt raillé, mépriſé, inſulté par ſon collégue & par ſon armée, n'importe, il ne change rien dans ſon plan, il temporiſe encore, & il vient à bout de réprimer Annibal. Thémiſtocle dans un conſeil de guerre voit la canne d'Eurybiade levée ſur lui, il ne ſe venge que par ces trois mots, *frappe, mais écoute*. Ariſtide, après avoir diſpoſé longtems des forces & des finances d'Athènes, ne laiſſe pas de quoi ſe faire enterrer. Régulus pour conſerver un avantage à Rome diſſuade l'échange des priſonniers, priſonnier lui-même, & il retourne à Carthage où les ſupplices l'attendent. Les deux Gracques, après avoir tout ſacrifié au bonheur du peuple, lui donnent leur tête pour dernier préſent. Trois Décius ſignalent leur conſulat en ſe dévouant à une mort certaine. Tant que nous regarderons ces généreux citoyens comme d'illuſtres fous, & leurs actions comme des vertus de théâtre, la patrie ſera mal placée dans nos bouches.

Jamais peut-être on n'entendit ce beau mot avec plus de reſpect, plus d'amour, plus de fruit qu'au tems de Fabricius. Chacun ſçait ce qu'il dit à Pyrrhus : *Gardez votre or &*

vos honneurs, nous autres Romains nous ſommes tous riches, parce que la patrie l'eſt pour nous : nous ſommes tous grands, parce que la patrie, pour nous élever aux grandes places, ne nous demande que du mérite. Mais chacun ne ſçait pas que mille autres l'auroient dit. Ce ton patriotique étoit le ton général dans une ville où tous les ordres étoient vertueux ; voilà pourquoi la ville parut à Cyneas, l'ambaſſadeur de Pyrrhus, comme un temple, & le ſénat une aſſemblée de rois.

Les choſes changèrent bien avec les mœurs vers la fin de la république. On ne connut plus le mot *Patrie* que pour l'anéantir, ou pour le profaner. Catilina & ſes furieux complices deſtinoient à la mort quiconque le prononçoit encore en Romain : Craſſus & Céſar ne s'en ſervoient que pour voiler leur ambition, & pour ſéduire ; & lorſque dans la ſuite ce même Céſar, en paſſant le Rubicon, dit à ſes ſoldats qu'il alloit venger les injures de la patrie, il abuſoit évidemment du mot.

Ce n'étoit pas en ſoupant comme Craſſus, en bâtiſſant comme Lucullus, en ſe proſtituant à la débauche comme Clodius, en pillant les provinces comme Verrès, en formant des projets de tyrannie comme Céſar, en flattant Céſar comme Antoine, qu'on apprenoit à aimer la patrie.

Un Mylord auſſi connu par les lettres que par les négociations, a écrit quelque part que dans ſon pays l'hoſpitalité s'eſt changée en luxe, le plaiſir en débauche, les ſeigneurs en courtiſans, les bourgeois en petits maîtres. S'il en eſt ainſi, j'annonce à ce pays, que bien-tôt on n'y entendra plus la voix de la patrie. Des citoyens corrompus ſont toujours prêts à la déchirer.

La patrie reſſemble à une étoffe : (je demande pardon au monde poli de la comparaiſon, qui auroit peut-être paſſé dans les beaux jours d'Athènes) la patrie, dis-je, reſſemble à une grande piéce d'étoffe aſſez grande pour couvrir tout un peuple. Les petites tailles compoſent la foule modeſte : mais viennent des géants avec de grands noms, de grands titres, de grandes prétentions ſe jetter ſur l'étoffe, & ils en emportent des morceaux beaucoup plus grands que leurs beſoins, tandis que la multitude reſte nue expoſée à toutes les injures de l'air. Eſt-ce-là ce que promettoit la patrie ?

Je n'irai pas dire aux grands, aux puiſſans de la nation que nous ſommes tous frères : cette groſſièreté évangélique n'eſt placée que dans la chaire ; mais je leur dirai que s'ils peuvent rire tandis que les autres pleurent, que ſi les forts ne portent pas les foibles, le mot *Patrie* devient nul. Ames frivoles, ames baſſes, caractères durs, naturels avides, injuſtes, violens ; vous ſur-tout qui abuſés de l'autorité, ne vous aviſez pas de le prononcer ; cette expression n'est pas faite pour vous.

Il est deux ordres qui paroissent en connoître l'usage, les dépositaires des loix, & les gens de lettres. Mais dans les premiers cette connoissance restera sans effet, si le juge n'est pas aussi sage ; & dans bien des cas, plus humain que la loi qui n'a pas tout prévû : j'avertis encore les seconds qu'ils doivent s'occuper bien plus à donner des mœurs à leur patrie, comme firent Socrate, Platon, Pythagore, Epictete & Senèque ; qu'à des spéculations de bel esprit. On sent en lisant *l'Esprit des Loix*, que l'auteur est animé de ce feu patriotique qui échauffa Rome & Athènes.

Faudra t-il toujours recourir

aux Grecs & aux Romains pour trouver des modéles ? Ayons l'ame aussi belle, aussi noble, aussi grande, aussi fière, le cœur aussi plein des droits du genre humain, & le mot *Patrie* fera sur nous la même impression qu'il faisoit sur eux.

La Terre que nous habitons égale l'Italie & surpasse la Grèce: des campagnes fertiles, un peuple laborieux, un ciel favorable, des fleuves & des mers, un commerce étendu, tous les arts utiles & agréables. Que de biens au-delà de nos besoins ! Que cherchons-nous pour dire que nous avons une patrie ? Les Suisses au milieu de leurs rochers se vantent d'en avoir une. Si on a la chose, pourquoi ne pas avoir le mot ?

DISSERTATION

ſur la nature du peuple.

J'Ai crû juſqu'à ce jour que le peuple avoit part à la nature humaine. La réflexion donne des doutes, & ce que je regardois comme une vérité inconteſtable devient un problême à réſoudre. Mais avant que de traiter la queſtion, prenons le peuple où il eſt. Le peuple fut autrefois la partie la plus utile, la plus vertueuſe; & par conſéquent, la plus reſpectable de la nation. Il étoit composé de cultivateurs, d'artiſans, de négocians, de financiers, de gens de lettres, & de gens de loix. Les gens de loix ont crû qu'il y avoit bien autant de gloire à rendre la justice aux hommes, qu'à les tuer, & ils se sont annoblis sans le secours de l'épée. Les gens de lettres, à l'exemple d'Horace, ont regardé le peuple comme profane, & ils lui ont tourné le dos. Les financiers ont pris un vol si élevé, qu'ils se font violence pour n'être qu'au niveau des grands. Il n'y a plus moyen de confondre les négocians avec le peuple, depuis qu'ils rougissent de leur état, & qu'ils en sortent, même avant que d'en sortir. Il ne reste donc dans la masse du peuple que les cultivateurs, les domestiques & les artisans; encore ne sçais-je si on doit y laisser cette espéce d'artisans maniérés, qui travaillent le luxe: des mains qui peignent divinement une voiture, qui montent un diamant au parfait, qui ajustent une mode supérieurement, ne ressemblent plus aux mains du peuple. Le peuple ainsi réduit ne laisse pas d'être encore la partie la plus nombreuse, peut-être même la plus nécessaire de la nation; & sous ce double point de vûe, il vaut bien la peine qu'on discute sa nature. Est-il composé d'hommes?

Tous les philosophes conviennent que le caractère qui distingue l'homme de la bête, c'est la raison. Guidé par ce principe, je contemple le peuple, & j'examine d'abord sa façon d'exister. Il habite sous le chaume, ou dans quelque réduit que nos villes lui abandonnent, parce qu'on a besoin de sa force. Il se leve avec le soleil, & sans regarder la fortune qui rit au dessus de lui, il prend son habit de toutes les saisons, il laboure nos terres, il cultive nos jardins, il fouille nos mines & nos carrières, il desseche nos marais, il nettoye nos rues, il bâtit nos maisons, & fabrique nos meubles. La faim arrive, tout lui est bon. Le jour finit, il se couche durement dans les bras de la fatigue. Tels les animaux que nous avons civilisés, le bœuf & le cheval se livrent à tous les travaux que nous leur imposons, sans nous demander autre chose que la nourriture & le couvert. Est-ce-là de la raison ?

Paſſons par deſſus la bourgeoiſie où elle ne fait que naître, & obſervons-là ſur ce théâtre de gloire où ſes traits ſont plus marqués. Elle ſe loge ſous de riches platfonds. Elle appelle l'or & la ſoie pour filer ſes vêtemens. Elle reſpire des parfums, elle cherche l'appétit dans les ragoûts ; & le repos ſuccédant à l'oiſiveté, elle s'endort ſur le duvet. L'inſtinct ne connoît que le néceſſaire. La raiſon s'attache au ſuperflu, elle calcule tous les dégrés de conſidération qui peuvent en ſortir. Tant d'un habit de goût, tant d'un meuble élégant, tant d'un équipage leſte. Rien ne lui échappe, ni les fleurs d'Italie, ni les ſapajoux de l'Amérique, ni les figures Chinoiſes, & par les

les infiniment petits elle va au grand.

L'instinct se ressemble toujours. Il y a bien des siécles que le ver à soie tisse, & que le castor bâtit. Le peuple dans ses atteliers fait aujourd'hui ce qu'il faisoit hier. La raison a une autre marche : voyez cet homme qui en a pour quatre, & de la fortune pour cent, comme il varie ses occupations ! Il réforme un vernis, il perfectionne un lustre, il invente une mode, il reçoit l'encens d'un auteur, il forme une actrice, il arrange une fête, il représente à table. Tantôt il passe en revûe sa livrée, tantôt il donne de nouveaux noms à ses voitures. Aujourd'hui il se livre à un cocher fougueux pour effrayer les paſſans, demain il ſera cocher lui-même pour les faire rire.

Le peuple eſt voué à l'inſtinct juſques dans ſes intérêts les plus chers. Lucas épouſe Colette parce qu'il l'aime; s'il avoit de la raiſon, il préféreroit Maturine, qui lui apporteroit une piéce de terre plus grande. Colette donne ſon lait à ſes enfans, ſi elle connoiſſoit le prix de la fraîcheur & du repos, elle ſe contenteroit d'être mère. Ils grandiſſent, & Lucas en ouvrant la terre devant eux leur apprend à la cultiver; un peu de réflexion ſur les misères de cet état, & il leur diroit: *Mes enfans, faites toute autre choſe.* Ce père automate meurt, & il leur laiſſe ſon champ à partager également; avec des lumières il l'eût laiſſé tout entier à l'aîné.

Plus j'approfondis, moins j'apperçois de raiſon dans le peuple. A-t-il des vertus? Je n'ai point encore lû de panégyrique d'un laboureur, comme on n'en fait point du bœuf, qui a tracé des ſillons avec lui. Mais quoi! le peuple ne montre-t-il pas de la patience? Il ſouffre la faim, le chaud, le froid, la hauteur des grands, l'inſolence des riches, le brigandage des traitans, le pillage des commis, le ravage même des bêtes fauves, qu'il n'oſe écarter de ſes moiſſons par reſpect pour les plaiſirs des puiſſans. Il eſt très-patient, je l'avoue, pourvû qu'on m'accorde, que la patience eſt la vertu des animaux les plus lourds. Le peuple peut avoir des qualités : mais si quelqu'un s'obstinoit à lui attribuer des vertus, qu'il convienne du moins que ce ne sont pas des vertus réfléchies, les seules qui prouvent la raison. Si le peuple est sobre, juste, fidéle, religieux : il est tout cela sans faire attention à ce qui lui en reviendra. Ce n'est pas ainsi que s'arrangent ceux qui sont vertueux avec connoissance de cause. On examine bien sérieusement ce qu'on fera de sa tempérancé, de sa justice, de sa fidélité, de sa religion. Ces vertus semées dans un bon tems rapporteront-elles un gouvernement ou une mitre ? Chacun sçait que dans les dernières années du regne de Louis XIV. toute la cour étoit dévote. L'auteur d'un très-bon livre ſur le Commerce demande, pourquoi il n'y a point de prix pour un laboureur qui a cultivé plus d'arpens, pour un manufacturier qui a fabriqué une meilleure étoffe ? La réponſe eſt facile ; c'eſt que le peuple n'eſt pas plus ſuſceptible d'émulation que les animaux ; Caligula en faiſant ſon cheval conſul ne le rendit pas meilleur. La politique ſçait bien ce qu'elle fait.

Si la nature humaine ne ſe montre pas dans les qualités du peuple, elle paroît encore bien moins dans ſes vices, au lieu que les vices des honnêtes gens portent une empreinte de raiſon, qui décéle des hommes. Un artiſan eſt-il fàché contre ſa femme ? il la bat, & continue de vivre avec elle, c'eſt un cerf qui maltraite ſa biche, & la méne au gagnage : mais *Monſieur* eſt-il mécontent de *Madame ?* il la conduit décemment à une ſéparation en bonne juſtice. Un cocher, comme un ſanglier qui donne à la vigne, s'enivre d'un vin dur qui ſent encore le preſſoir : ſon maître laiſſe repoſer ſa raiſon dans des vins délicieux & des liqueurs divines, il a commenté le roman du jour, il a perſiflé dans pluſieurs cercles; il a décidé dans trois moitiés de ſpectacle : On ne ſçauroit toujours penſer. Un voleur du peuple ſemblable à un tigre qui cherche ſa proie, vous demande bruſquement la bourſe, & on le voit bien-tôt à la Grève : un honnête homme ſçait bien qu'il faut avoir un titre, un emploi ou une charge pour voler, & il fait bonne figure. Attaquez un individu du peuple, il ſe jette brutalement ſur vous avec les armes de la nature, comme un lion bleſſé qui ſe ſert de ſes dents & de ſes griffes : un être qui penſe, l'épée à la main, vous tue dans toutes les régles de l'art & de l'honneur.

Ces réflexions & beaucoup d'autres ſemblables ébranlent ma foi à l'humanité du peuple : mais une nouvelle conſidération me fait preſque rougir d'y avoir crû. La plus belle, la plus noble partie de l'état, celle qui réunit l'eſprit aux richeſſes & à la grandeur n'y croit pas : qui ſuis-je pour contredire? Son jugement eſt écrit dans ſes procédés avec le peuple. On a des porteurs comme on a des mulets. Le fouet eſt toujours levé ſur un animal rétif : quel eſt le galant homme qui n'employe pas ſa canne ſur un faquin, lorſque l'occaſion le demande ? Un ſeigneur élégant pouſſe devant ſon caroſſe un coureur & un chien. Dans une chaſſe il paroît aſſez égal de crever un cheval ou un piqueur ; & après une bataille on ne nomme pas plus les ſoldats tués que les chevaux morts. Tous ces faits ne me préſentent que des animaux déguiſés en hommes.

Les choſes vont ſi loin, que le peuple lui-même queſtionne ſur ſon état : *Sommes-nous des bêtes ?* C'eſt un propos qu'on entend aſſez ſouvent dans les travaux publics : *Sommes-nous des bêtes ?* Peuple ! cela ſe pourroit. Charge-toi avec la bête de ſomme, remue la terre avec les animaux, & contentez-vous tous, ſi on ne vous laiſſe pas périr de misère : voilà tout ce que la politique vous doit, & la philoſophie vous met au même rang : qu'on exhorte un philoſophe de la Cour ou du Parnaſſe à croire à nos myſtères, quelle réponſe en tire-t-on ? *Comptez vos fables au peuple*, cela veut dire, à des êtres qui n'ont que la figure humaine.

Cette figure humaine qu'on apperçoit dans le peuple embarraſſe un peu. Mais doit on ſe fier aux apparences ? Newton a découvert que l'écarlate n'eſt pas rouge, Malebranche & Bercley que nous vivons dans un monde d'illuſions, ou il n'y a point de corps; & ſans ſortir de notre ſujet, dira-t-on que ces hommes ſauvages de l'iſle Borneo (a), que ces hommes marins qu'on a vus à la Virginie, & à la hauteur de Breſt (b), que ces *Satyres* qui étonnèrent les habitans du déſert & la ville d'Alexandrie, au rapport de deux grands Saints (c). Croira-t-on que ces phénomenes animaux, parce qu'ils portoient la figure humaine, étoient de vrais hommes ?

Il eſt difficile de réſiſter à tant de raiſons contre l'humanité

(a) Mém. de Trevoux 1701. pag. 184.
(b) Journ. des Sçavans 1676. pag. 351.
(c) Mém. de Trevoux 1715. pag. 1902.

du peuple. Cependant j'entreprens de la démontrer, à cauſe de ma nourrice qui m'a donné un bon lait, & en faveur d'un vieux domeſtique qui a quelquefois eu raiſon avec moi.

Je tire ma première preuve de l'anatomie. Un très-habile anatomiſte a diſſéqué la tête d'un laboureur qui s'étoit fait pendre : parce que depuis plusieurs années, après avoir payé le Roi, il ne lui reſtoit rien pour vivre. Le diſſecteur a d'abord trouvé le cervelet, les ſucs, les fibres, les nerfs, & tous les inſtrumens organiques qui travaillent la raiſon, bien diſpoſés & en bon état. Il a pouſſé ſes recherches juſqu'au ſiége de l'ame à la glande pinéale, c'eſt-là que ſe peignent les idées, comme les figures se représentent sur la toile : l'œil n'auroit pas suffi au spéculateur, le microscope qui découvrit à Lewenhoeck des germes humains, a suppléé ; & il a vû des idées liées, réfléchies & conséquentes, des chardons arrachés, des sillons tracés, du bled jetté dedans, une moisson coupée, un fléau, un van, un grenier, & des observations sur toutes les saisons. Mais, chose bien singulière ! en ouvrant une autre tête, une tête de distinction, il n'y a découvert que des perceptions vagues & décousues, des prétentions sans mérite, de la hauteur mêlée de bassesse, des songes d'amitié & d'amour, des visions de grandeur, des chimères généalogiques. Le propriétaire de cette tête étoit mort l'épée à la main, pour avoir entendu de travers une phrase qui ne signifioit rien.

Si on pouvoit répéter cette expérience de maison en maison, je m'en tiendrois à cette preuve: mais sçachons ce que pensèrent sur cette matière les Grecs & les Romains, qui se connoissoient si bien en hommes. Ils appelloient le peuple à toutes les assemblées qui demandoient de la raison, aux élections des premiers magistats & des généraux, aux jugemens des illustres accusés, aux décrets de proscription ou de rriomphe, aux réglemens des impôts, à la décision de la paix ou de la guerre, enfin à toutes les discussions sur les grands intérêts de la patrie. Demosthene & Ciceron, en haranguant le peuple, croyoient parler à des hommes : nous ririons si on disoit *la majesté du peuple François*, accordons-lui du moins la raison ; Rome & Athènes lui donnoient même de la finesse, il entroit à milliers dans ces vastes théâtres, dont les nôtres ne sont que des images maigres & retrécies ; & on le croyoit capable d'applaudir ou de siffler Sophocles, Aristophane, Plaute & Terence.

On dira peut-être que cette antiquité étoit trop grossière pour juger la question. Eh bien ! consultons les gouvernemens modernes. A la Chine des visiteurs impériaux parcourent les provinces, en questionnant le peuple pour sçavoir si on continuera les mandarins, ou ſi on les punira ; & l'empereur qui eſt exceſſivement grand ſe met au niveau du peuple, en labourant une piéce de terre le lendemain de ſon couronnement. On voit dans les diétes d'Allemagne, non-ſeulement le collège des électeurs & celui de princes, on y entend encore le peuple des villes libres, qui parle par ſes repréſentans. La Suéde dans ſes aſſemblées nationales compte l'ordre des payſans. On connoît le pouvoir de la chambre des Communes en Angleterre. Je laiſſe à part la Hollande & la Suiſſe, l'eſprit tout populaire qu'on y trouve, nous paroîtroit ſuſpect dans la queſtion préſente. Seroit-il poſſible que tant de nations ouvriſſent au peuple la porte du gouvernement, ſans lui ſuppoſer la nature humaine? Mais nos pères eux-mêmes juſqu'à Louis XIII. n'ont-ils pas crû que le peuple pouvoit occuper une place dans les états généraux? Et nos parlemens, ces corps ſi raiſonnables, ne faiſoient qu'une raiſon de celle du peuple & de la leur.

Cependant il ſe peut fort bien que le peuple François ne ſoit plus propre à figurer dans le gouvernement. N'y a-t-il donc que les Conſeils d'état où la raiſon ſe montre? Elle agit auſſi dans l'intérieur des familles; c'eſt-là que des membres du peuple gouvernent aſſez ſouvent les maîtres qu'ils ſervent. Un homme en place eſt-il d'un accès difficile? Faut-il ſe morfondre des mois entiers à ſa porte pour une audience ? Un valet qu'on intéreſſe donne du mouvement à l'affaire, elle ſe termine. Une Lucrece élevée dans Saint Cyr, jure encore après le mariage de n'aimer que ſon mari, ſa femme de chambre parie contre, elle répond à toutes les objections, elle leve tous les ſcrupules, elle applanit toutes les difficultés : quelle force de raiſon n'a-t-il pas fallu pour vaincre tant de vertu !

Si tous les domeſtiques ne ſont pas capables de prendre cet aſcendant ſur leurs maîtres, il eſt du moins de notoriété qu'ils ſont doués d'un diſcernement admirable pour en faire le portrait. Qu'on me charge, pour le bien public, d'afficher ſur les maiſons le caractère des perſonnes qui les habitent, je n'écrirai *avare, généreux, doux, emporté, prude, coquette*, qu'après avoir conſulté les antichambres. Peut-être encore ſeroit-il à propos de rétablir la fête des Saturnales, afin que les citoyens puſſent apprendre une fois par an, par la bouche des valets, à ſe connoître eux-mêmes. Ce pinceau qui peint durement, mais avec vérité, prouve aſſurément de la raiſon dans le peuple.

C'eſt encore le peuple qui fournit des actrices au théâtre. Oublions les talens qu'elles y exercent, voyons-les développer leur raiſon dans la ſociété : elles perſuadent au financier de placer ſur elles en perdant intérêt & principal; au grand, que des cœurs achetés par air, valent mieux que ceux qui ſe donnent par le mariage : la raiſon même d'un miniſtre ne tient pas contre la leur. Qu'on doute après cela de la raiſon du peuple.

Il n'eſt pas rare qu'une nation qui a beaucoup d'eſprit, tombe en contradiction avec elle-même, le cas n'eſt pas ſi fréquent parmi celles qui n'ont que du bon ſens. Nous refuſons la raiſon au peuple, & nos loix le puniſſent : les priſons, les tortures, les gibets, les roues ſont à ſon uſage, on ne condamne pourtant pas à mort le taureau qui a éventré le bouvier. Je dis plus, à juger de la raiſon par les punitions, il faut que le peuple ſoit plus raiſonnable que les honnêtes gens : un malheureux dont les enfans n'ont pas de pain, fait un petit commerce prohibé, il est pris & puni ; un gentilhomme dans sa chaise de poste se trouve garni de la même marchandise, il tue le commis, & se tire d'affaire. Gregoire chaud de vin querelle, jure, s'arme du broc qu'il a vuidé, & assomme son compagnon de débauche, la corde en fait justice : deux hommes d'honneur arrangent une rencontre, l'un reste sur le champ de bataille, l'autre continue à s'avancer dans le service. Ne croyons pas ce que disent quelques esprits chagrins, que la fortune & le nom rendent blanc ce qui est noir ; la justice est juste : mais elle considére avec les casuistes qui ne se trompent jamais, que les gens bien nés ne peuvent ſe porter au crime, ſans quelque renverſement dans les idées, quelque délire, quelque aliénation d'eſprit; en un mot, la loi les voit toujours dans le cas des enfans, qui n'ont pas aſſez de raiſon pour ſe faire pendre; au lieu que le peuple en a toujours de reſte.

Enfin il eſt aiſé de faire certaines remarques qui tranchent la queſtion. Je ne ſuis pas aſſez groſſier pour dire, en voyant un bel arbre généalogique, pourquoi nous cachez-vous la ſouche? Il ſeroit fâcheux pour un duc & pair de devoir ſon premier luſtre à un ſoldat courageux. Ne voyons que le préſent ou un avenir prochain : quoi de plus peuple que ce ruſtre, qui paſſe de ſon hameau dans une antichambre ? Laiſſez faire le tems ; ſon fils ſera écuyer dans le même hôtel ou ſecrétaire du Roi : ce qui n'étoit pas homme peut-il produire un homme ? Que ſeroit-ce ſi le ruſtre lui-même, bruſquant la fortune par la porte de la finance, du derrière du caroſſe paſſoit dedans ? Le voilà bien décidé *homme* ; ſa nature auroit-elle changé ? Le ſinge eſt toujours ſinge, & l'homme toujours homme. Le peuple eſt donc composé d'hommes. Mais il eſt à propos qu'il l'ignore toujours, & je ne le dis qu'aux riches, aux grands & aux miniſtres, qui pourront comme auparavant abuſer de l'ignorance du peuple.

FIN.

alliez
cuyer
facré-
n'étoit
ire un
ſi le
on la
la ſi-
ancelle
bien
e au-
ge eſt
tou-
e eſt
Mais
e tou-
deux
r nu-
e au-
rance